PANÉGYRIQUE

DU BIENHEUREUX

JEAN-GABRIEL PERBOYRE

Prononcé le 29 avril 1890

PAR

M. l'Abbé OLIVIER

CHANOINE HONORAIRE

PREMIER VICAIRE DE LA CATHÉDRALE DE SENS

DANS LA CHAPELLE DU GRAND SÉMINAIRE

AUX FÊTES DU TRIDUUM

PRÉSIDÉES PAR

Son Eminence le Cardinal BERNADOU

SENS

IMPRIMERIE DE CH. DUCHEMIN

1890

PANÉGYRIQUE

DU BIENHEUREUX

JEAN-GABRIEL PERBOYRE

PRONONCÉ LE 29 AVRIL 1890

PAR

M. L'ABBÉ OLIVIER

CHANOINE HONORAIRE

PREMIER VICAIRE DE LA CATHÉDRALE DE SENS

DANS LA CHAPELLE DU GRAND SÉMINAIRE

AUX FÊTES DU TRIDUUM

PRÉSIDÉES PAR

SON EMINENCE LE CARDINAL BERNADOU

SENS

IMPRIMERIE DE CH. DUCHEMIN

1890

PANÉGYRIQUE

DU BIENHEUREUX

JEAN-GABRIEL PERBOYRE

Inspice et fac secundum exemplar quod tibi in monte monstratum est : « Regardez et imitez ce modèle qui vous est montré sur les hauteurs. » (EXODE, ch. XXV, v. 40.)

Eminence,

Messieurs et vénérés confrères,

Mes chers frères, mes chères sœurs.

Le 10 novembre 1889, à Saint-Pierre de Rome, dans la salle des canonisations, toute étincelante de dorures et de lumières; en présence des délégués officiels de la France catholique, convoqués pour honorer la mémoire d'un de ses plus généreux enfants; de deux mille ouvriers chrétiens accourus pour saluer, dans son immortalité naissante, le fils d'un travailleur, un ancien petit pâtre; des deux communautés de Saint-Vincent-de-Paul, plus spécialement représentées par un vénérable lazariste, par une vaillante fille de la Charité, venus de loin pour fêter une gloire de de famille et recueillir la plus haute noblesse qui puisse illustrer un nom, le Souverain-Pontife, entouré des patriciens de Rome, des dignitaires de sa cour, des princes de l'Eglise, jetait au monde les échos de sa voix infaillible pour proclamer bienheureux Jean-Gabriel Perboyre, prêtre de la Mission, martyrisé en Chine, le 11 septembre 1840; et, donnant le signal à la vénération des peuples et des siècles, il inclinait devant l'auréole de cette sainteté héroïque, avec la tiare pontificale aux trois couronnes, son noble front, qu'illuminent à la fois les rayons des années, du génie et de la vertu. Puis, après Rome, Paris s'est réjoui. Dans un triduum solennel, les prélats les plus augustes ont célébré le saint sacrifice devant les reliques du missionnaire; les voix les plus éloquentes ont chanté les louanges du martyr. La chapelle de la rue de Sèvres s'est trouvée trop étroite pour contenir la foule, désireuse de vénérer ses restes, avide d'entendre son panégyrique. Ils s'y rencontraient, chaque jour, dans la même prière, les riches et les pauvres, les religieux et les prêtres, les évêques vieillis dans les fatigues de nos missions lointaines et les supérieurs blanchis dans les labeurs de nos séminaires diocésains. Il me plaît de dire que nous y étions, pour notre part, dignement représentés (1). Puis le mouvement a gagné la province; chacune des villes qui tient au bienheureux par quelque lien a eu sa fête spéciale: Sens devait avoir la sienne qui nous réunit.

Or, pour être plus modeste, par certains côtés, elle ne manque ni de pompe ni de solennité. Un éminent Cardinal la préside aussi; lui-même, ce matin, élevait ses mains suppliantes vers le bienheureux; ce soir, il ajoute, par les rayons de la pourpre romaine, un éclat à la pourpre du martyr. Ils sont là aussi, les prêtres de la Mission, les disciples, les confrères de l'apôtre; elles sont là aussi, les filles de la Charité, apportant, sous leurs cornettes blanches, si sympathiques parmi nous, un sourire de famille; ils

---

(1) M. le supérieur du grand séminaire assistait à ces fêtes.

sont accourus aussi, tous ceux qui se réclament du grand nom de Vincent de Paul et s'abritent sous sa protection.

Si le corps du saint n'est pas offert à notre vénération; du moins nous avons l'une de ses précieuses reliques, du moins sa douce image rayonne sous nos yeux, au milieu de riches guirlandes tressées artistement, de splendides décors préparés à l'envi par de pieuses mains. Si le concours du clergé et du peuple est limité par l'exiguïté du lieu; du moins les cœurs sont unis, ardents et dilatés. Si le panégyriste surtout est bien au-dessous de sa tâche, dont il est surpris autant qu'intimidé, du moins son obéissance à un désir qui devait être un ordre pour lui, la gratitude dont il est heureux d'offrir ce modeste témoignage à des maîtres vénérés, lui concilieront, il l'espère, l'indulgence de son auditoire.

D'ailleurs, à quoi bon l'éloquence quand ce sujet est éloquent lui-même, quand le saint qu'il faut chanter doit devenir le prédicateur de la fête comme il en est le héros ? Oui, c'est lui qui va occuper la chaire à ma place, c'est lui que je vous prie de voir et d'entendre dans son humble interprète : *Inspice et fac secundum exemplar quod tibi in monte monstratum est.*

Car, en plaçant les saints sur les autels, en leur vouant un culte solennel et public. l'Eglise n'a pas seulement voulu offrir à nos âmes, avides d'émotions, de tressaillements dignes d'elles ; en célébrant le souvenir de leurs hautes vertus. elle n'a pas prétendu seulement donner à ces vaillants des hommages superflus et des louanges stériles ; en invoquant leur intercession, elle n'a pas pensé seulement nous assurer le puissant et généreux concours de de ces triomphateurs; elle veut encore et surtout donner à nos âmes amollies où découragées de fortifiantes leçons. Par toutes les harmonies des ses chants (et ils ont été magnifiques), par toutes les splendeurs de ses cérémonies (et elles ont été superbes aujourd'hui), elle nous rappelle un de nos pères couronné d'honneur après avoir été saturé de honte, rassasié de paix après avoir été accablé de supplices, en nous disant : Tributaires de la vie, de la lutte, de la douleur, relevez un moment vers les cieux vos fronts chargés d'ennuis; laissez monter avec les accents de vos voix, avec l'encens du sacrifice, vos regards, vos esprits et vos cœurs : *Sursum corda!* Voyez ce frère, cet ancêtre sur les sommets des autels où je l'ai placé, sur les sommets des cieux où Dieu l'a établi : il vous convie à le suivre par les chemins du devoir et de la vertu jusqu'à la montagne éternelle de la sainteté, où il se repose des soucis et des fatigues de la route. Pour avoir été longtemps à la peine, il sera toujours à l'honneur. Héritiers de son baptême, de sa vocation, de son sacerdoce, devenez les imitateurs de sa vie, pour être un jour les concitoyens de sa gloire : *Inspice et fac secundum exemplar quod tibi in monte monstratum est.*

Je ne veux pas, mes frères, vous tenir un autre langage; il me siérait mal de venir jeter une note discordante dans ce pieux concert; je veux, au contraire, pour ne pas trahir le mandat qui m'est échu, par un choix trop bienveillant, me faire l'écho fidèle de toutes ces voix de la terre et des cieux, et vous dire, en trois mots :

I. Oui, élèves du sanctuaire, novices du sacerdoce, regardez ce lévite, ce novice qui se préparait naguère si bien au service des autels et des âmes : imitez-le.

II. Prêtres et religieux, contemplez ce saint prêtre, ce religieux parfait; et, dans tous les postes où la Providence vous appelle, inspirez-vous de ses exemples.

III. Et vous tous qui allez devenir et qui êtes déjà des apôtres, qui, dans ce siècle de persécution, serez fatalement des martyrs, méditez avec moi le zèle dévorant, la vaillance magnanime de ce confesseur de la foi, et marchez jusqu'à la mort sans faiblesse, sans défaillance sur ses traces glorieuses.

Inspice et fac secundum exemplar quod tibi in monte monstratum est !

I

Le Lévite et le Novice

Dieu qui, au témoignage du psalmiste, est toujours admirable dans ses saints : *Mirabilis Deus in sanctis suis* (1); Dieu qui, au témoignage de l'apôtre, prend soin de conformer à son Fils tous ses prédestinés : *Predestinavit conformes fieri imaginis filii sui* (2), prépara, dès le berceau, par un concours de circonstances que les esprits légers imputeront aux caprices d'un hasard aveugle, dont les âmes attentives et chrétiennes feront hommage à la sagesse clairvoyante de la Providence, son futur prêtre, son futur martyr.

Il fait son apparition sur la terre, ce messie nouveau qui apporte le salut aux nations endormies à l'ombre de de la mort, le 6 janvier 1802; il se montre à l'horizon, cet astre qui brillera désormais d'un si vif éclat au firmament de l'Eglise, le jour même de l'Epiphanie, comme pour être marqué du premier des caractères divins qui s'accentueront jusqu'à la ressemblance parfaite; il naît sur ce sol fécond qui, avec le nôtre, a donné à la Gaule les derniers défenseurs de sa liberté mourante : les Vercingétorix, les Lucterius, glorieux émules de notre glorieux Drapès; il croît sur ce sol béni qui a fourni à l'Eglise, avant et depuis

(1) Psaume 67, ꝟ. 36.

(2) Ep. aux Rom., chap. VIII, p. 29.

Fénelon, de nombreux et vaillants apologistes; il est de cette vieille race du Quercy, intelligente et robuste, active et chevaleresque, qui a compté le long des siècles, qui produit encore de nos jours, par une sève vivace que rien n'a pu tarir, par un sang généreux que l'anémie régnante n'a point appauvri, d'illustres écrivains et d'illustres héros; il est le fils d'une de ces familles laborieuses et patriarcales, où la foi se transmet comme un patrimoine d'honneur, où les bénédictions du ciel se traduisent par le nombre des enfants et le nombre presque égal des vocations religieuses.

Aussi, dès le lendemain de sa naissance, ses parents le font porter sur les fonts baptismaux où il reçoit le nom d'un ange et d'un apôtre: de l'apôtre vierge, de l'ambassadeur angélique: il s'appelle Jean Gabriel, et ces deux noms choisis, le jeune chrétien saura désormais les justifier, les fusionner dans sa vie quotidienne. Déjà dans l'atmosphère du foyer, sous les deux tendresses concentriques de son vénérable père et de sa pieuse mère, il est ange et apôtre. Déjà ses lèvres, qui ne savent que bégayer encore, s'habituent à prononcer les doux noms de Jésus et de Marie. Déjà il reprend ses sœurs de leurs innocentes légèretés, il gourmande les domestiques de leurs blasphèmes inconscients avec toutes les délicatesses effarouchées de la foi et de la modestie.

Ange et apôtre, Jean-Gabriel le fut, lorsque, enfant, il conduisait, sur les guérets du Puech, son humble troupeau. Son bonheur est de fréquenter l'église du hameau, et son recueillement y est si parfait qu'on aurait dit un des célestes adorateurs du tabernacle, qu'au témoignage des assistants « on aurait marché sur lui sans qu'il s'en aperçût; » et il écoute si attentivement les prédications, qu'il répète le soir, en famille, le prône du matin, et que son père ému ne peut s'empêcher de lui dire : « Puisque tu prêches si bien, il faudra te faire prêtre. »

Ange et apôtre, Jean-Gabriel l'est à l'école et au catéchisme. Pendant que son esprit s'abreuve, pendant que son âme boit à longs traits aux sources de la vérité profane et religieuse, il édifie la classe, il édifie la paroisse où tout le monde l'appelle le petit ange et le petit saint, jusqu'au jour béni, avancé pour lui par privilège, trop tardif encore au gré de ses vœux impatients, où il peut recevoir le Roi des anges et le Maître des apôtres. Ah! la première communion, si elle est trop souvent de nos jours, pour la désolation du prêtre, le prélude d'une rupture à perpétuité entre le Dieu du ciel, qui se donne, et l'enfant de l'homme, qui le reçoit; si le jeune convive du Christ n'y prononce des serments que pour les violer le lendemain, que pour devenir bientôt infidèle et parjure : pour Jean-Gabriel, ce fut la préface d'une vie plus angélique et plus édifiante encore. Qu'il ait entendu, comme tant d'autres, au milieu des émotions de cette rencontre divine, dans ce sommeil paisible de l'extase, la voix qui appelait Samuel à l'apostolat prophétique, c'est l'éternel secret de l'histoire, c'est l'éternel secret de Dieu : nous ne le saurons jamais.

Ce que nous savons bien; c'est que, de ce jour, sa piété s'accrut, son zèle s'accentua davantage; c'est que les apôtres devinrent les hôtes habituels de sa pensée et les anges les témoins ordinaires de sa vie.

Aussi, quand, quelques années plus tard, nous le retrouvons au séminaire de Montauban, où il avait accompagné son plus jeune frère, où il devait rester quelques mois pour habituer le nouveau venu au régime du pensionnat, pour se fortifier lui-même dans les connaissances utiles, il provoque à tel point les sympathies de ses condisciples par sa douce et aimable vertu que la désolation est générale, qu'on pleure, comme à Mongesty, au jour du départ, lorsque le moment est venu pour lui de reprendre le chemin du pays natal. Il étonne et charme si puissamment ses maîtres, par ses aptitudes intellectuelles et son influence morale, qu'ils ne peuvent se résoudre à laisser cette fleur rare porter ailleurs son éclat et ses parfums, et que les uns et les autres veulent à tout prix la garder à la serre qu'elle orne et qu'elle embaume. Ils n'étaient en cela que les instruments avisés de la Providence.

De son côté, bien que le laboureur du Puech eût, à l'avance, escompté les services de cet aîné pour la culture du ¡patrimoine, il ne voulût pas assumer les responsabilités d'un refus; bien que ce fidèle chrétien ne songeât pas à disputer ses enfants au bon Dieu, il n'osait prendre non plus les responsabilités d'une décision. Dans la simplicité de sa foi, il consulta son fils ; Jean-Gabriel, à son tour, demanda du temps pour réfléchir, pour écouter, en toute liberté, les voix mystérieuses qui bourdonnaient confusément en son cœur, les voix divines qui lui parleraient d'avenir. Il ne tarda pas à les entendre et démêla sans peine leurs lumineux oracles. Quelques jours après, il pouvait écrire aux siens : « J'ai consulté Dieu sur l'état que je de- « vais embrasser pour aller plus sûrement au ciel; après « bien des prières, j'ai cru que le Seigneur me voulait « dans l'état ecclésiastique. Je continuerai donc jusqu'à « ce que j'aie votre réponse. » La réponse ne se fit pas attendre; elle était dictée par la foi et la résignation.

De ce jour, dans la chaude température du séminaire, les vertus de Jean-Gabriel s'épanouirent délicieusement. A Mongesty, il avait été le modèle de l'enfance; à Montauban, il fut le modèle de la jeunesse; et, parce que la pureté du cœur est la meilleure auxiliaire des études, parce que la piété lui prêtait ses angéliques lumières, il devint le modèle des écoliers : c'était encore, c'était toujours l'ange et l'apôtre d'autrefois dans un milieu nouveau. Un ange et un apôtre par sa douceur qui opposait à des taquineries espiègles, un silence magnanime et d'inaltérables sourires. Un ange et un apôtre par son humilité qui ne se prévalut jamais de la confiance de ses maîtres, de l'estime de ses condisciples, de la supériorité de ses talents, de l'éclat de ses succès. Un ange et un apôtre par son obéissance qui, à toutes les provocations contre la règle, répondait ce mot sublime dans sa simplicité, ce mot d'une conscience droite, ferme et inflexible : « Vous savez bien que cela est défendu ! » Un ange et un apôtre par sa piété qui savait si bien s'allier au travail sans lui nuire, « qu'on eût dit, écrivait son voisin de classe et de chapelle, qu'il y avait en lui deux âmes : l'une toute à l'étude, l'autre toute à Dieu. » Un ange et un apôtre, il l'était si visiblement que ses condisciples l'appelaient tour à tour, et d'une voix unanime, saint Louis de Gonzague ou le petit saint Jean, et, plus souvent encore, par un hommage spontané de l'admiration suprême, le petit Jésus.

Toutefois le jeune séminariste ne s'arrêta pas à ces beaux débuts. Jusqu'alors, il avait aspiré à l'honneur d'être prêtre ; maintenant, il rêvait d'être religieux. En même temps que vers le sacerdoce, il s'était senti entraîné vers cette pieuse compagnie de la Mission qui, au témoignage de Léon XIII, « s'est acquis, par ses œuvres admirables, une gloire éclatante dans la société chrétienne, mais s'est particulièrement illustrée par son ardeur à propager le catholicisme chez les peuples de la Chine (1). » Il avait appris de bonne heure à la connaître et à l'aimer, en vénérant son saint oncle et son premier maître. Vincent de Paul, de son

____

(1) Bref de canonisation.

côté, avait exercé sur cette généreuse nature le prestige souverain qu'il exerce sur toutes les grandes âmes.

Aussi, quand l'heure vint de prononcer les quatre vœux en usage dans la congrégation, Jean-Gabriel était prêt. L'obéissance lui était naturelle, la chasteté était une précoce habitude, la pauvreté faisait ses délices, les pauvres, il les avait toujours aimés. Pour les pauvres, il provoquait au Puech les aumônes paternelles ; avec les pauvres, il partageait à Montauban son frugal déjeûner ; les pauvres, il se sentait le désir d'aller les chercher jusqu'au bout du monde.

Par une prophétique coïncidence, il contractait ses solennels engagements le 28 décembre 1820, le jour où l'Église célèbre la fête des Innocents, ces touchantes prémices de tous les martyrs.

Ce que fut le novice, il faut le demander aux témoins oculaires : « Il vous serait facile, répondait l'un d'eux à son premier biographe, d'écrire sans mon secours l'histoire de son noviciat. Vous n'avez pour cela qu'à vous faire l'idéal de la perfection d'un novice, et ensuite, lui appliquer tout ce que vous aurez imaginé de plus parfait. Vous pouvez être assuré que vous serez toujours dans le vrai. » Avec ces indications, Messieurs et mes frères, je vous laisse le soin de composer le tableau. Mettez-y, en traits accusés : une régularité exemplaire, une soumission parfaite, une mortification généreuse, une amabilité constante ; fusionnez toutes ces nuances, tous ces reflets de la vertu dans d'harmonieuses proportions. Peignez-le austère sans rigidité, doux sans faiblesse, pieux sans mélancolie ; sérieux mais affable, sévère mais indulgent, méditatif mais enjoué, et vous aurez le novice qui, à Montauban, à Saint-Lazare, à Mondidier, fut toujours ce qu'il avait été ailleurs : un *ange* et un *apôtre* ; l'ange et l'apôtre qui s'impose, élèves du sanctuaire, jeunes lévites du sacerdoce, à votre imitation, celui que Dieu vous montre aujourd'hui, du haut des cieux et du haut des autels, en vous disant : Le voilà ! le fils bien-aimé en qui j'ai mis toutes mes complaisances ; écoutez-le : *Et vox facta est de nube dicens : hic est filius meus dilectus : ipsum audite* (1).

Comme il veut rester ange et apôtre jusqu'au bout ; c'est à un ange, l'ange de l'école ; c'est à un apôtre, l'apôtre des gentils ; c'est à ces maîtres immortels de la jeunesse cléricale qu'il demande des leçons et des exemples. Les épîtres sublimes de saint Paul, la Somme incomparable du grand Docteur sont ses livres préférés ; il les lit, il les apprend, il les médite ; il fait mieux encore, il les vit et les réalise. C'est à la suite de ces deux mentors qu'il gravit les degrés de la sainte hiérarchie ; qu'il franchit le pas redoutable du sous-diaconat ; qu'il s'élève, à la même date que son bien-heureux père Vincent de Paul, aux sommets du sacerdoce et de la vie religieuse ; qu'il aboutit, en un mot, à cette seconde étape de son existence, où nous allons le contempler à notre tour, prêtres et religieux, comme notre commun et parfait modèle !

II

Le Prêtre et le Religieux

Le *prêtre et le religieux*, en effet, ce sont deux noms qui évoquent la même physionomie ; ce sont deux êtres sympathiques dont les fonctions diffèrent, dont la vie intime ne diffère presque pas. Ils ont mille traits de famille qui

(1) Saint Luc, ch. IX, v. 35.

accusent la plus étroite parenté. Le prêtre, si j'ose ainsi parler, c'est un religieux séculier qui pratique, de nos jours surtout, sans l'avoir épousée, la pauvreté évangélique, qui a embrassé pour la vie la chasteté parfaite, qui a promis obéissance à son évêque, au jour de sa consécration. Le religieux, c'est un prêtre régulier qui a mis sous la protection d'une loi austère les vœux de son sacerdoce. Souvent il n'y a qu'une nuance qui les sépare ; elle est sensible pourtant. Les uns ont à accomplir pour leur propre compte les serments de l'ordination ; les autres sont chargés par surcroît de préparer les lévites à ces serments sacrés, à cette fidélité inviolable.

Mais, du moins, quoi qu'il en soit des similitudes et des divergences, les uns et les autres s'aident des mêmes moyens, s'appuient sur les mêmes leviers, se soutiennent par les mêmes secours. L'*Oraison*, le *Bréviaire*, la *Messe :* voilà le foyer commun où leurs âmes s'abritent, voilà la trilogie sacrée qui résume leur vie ; le *Crucifix*, l'*Evangile*, l'*Eucharistie :* voilà les grands livres qu'ils feuilletent à l'envi, voilà les sources fécondes où ils puisent les énergies du devoir quotidien ; mais voilà aussi le thermomètre trois fois infaillible qui marque les degrés de leur vertu. Car c'est un axiome théologique, c'est une vérité expérimentale que plus un prêtre pratique l'oraison, mieux il dit son bréviaire, plus pieusement il célèbre le Saint-Sacrifice; plus aussi il est saint et parfait. A ce mètre divin, mesurons notre héros ; nous allons le trouver grand, supérieur, gigan-tesque.

Homme d'oraison, Jean-Gabriel l'était, lui qui disait souvent : « L'oraison est la respiration de l'âme. » Il la voulait quotidienne, et ce qu'il conseillait aux autres, il le faisait lui-même, il le faisait malgré tous les obstacles ; car il n'admettait pas les futiles prétextes sous lesquels s'abrite d'ordinaire une coupable négligence. A l'occasion de certains prêtres qui croient pouvoir raccourcir ou délaisser la méditation, parce qu'ils sont chargés de besogne, il disait : « Pour moi, il me semble que dans un cas semblable, loin de penser à abréger mon oraison, je devrais, au contraire, la prolonger. Celui qui a un long voyage à faire, un grand travail à accomplir, se garde bien de prendre moins de nourriture qu'à l'ordinaire, il craindrait de s'affaiblir; il en prend plus, il choisit des mets plus substantiels afin de se fortifier et de résister plus facilement à la fatigue. » Et poussant la mollesse dans ses derniers retranchements : « Mais, direz-vous, je n'ai pas le temps. — Croyez-moi, vous ferez plus en une heure avec Dieu que nous ne feriez en quatre étant livré à vous-même. Un homme qui ne vit pas d'oraison peut s'agiter et croire qu'il fait beaucoup; mais en réalité il fait beaucoup moins que celui qui ne travaille qu'après avoir puisé ses lumières et sa force dans le sein de Dieu. »

Aussi c'est là que, chaque matin, ce saint prêtre, souvent pendant une heure entière, malgré ses absorbantes sollicitudes, faisait ample provision pour sa laborieuse journée.

Et, de ce premier sommet de la prière privée, il en escaladait un autre : le sommet sacré *de la prière publique*. Pour s'acquitter de ce devoir, pour réciter son office, il cherchait les lieux solitaires, le voisinage recueilli des saints tabernacles ; et là, semblable à l'artiste qui accorde son instrument avant de le faire parler, il ne commençait son rôle de chantre divin qu'après y avoir préparé toutes les cordes vibrantes de son cœur. Il s'élevait dans les cieux pour se mêler à cet éternel concert, à cet orchestre immense qui se compose de toutes les voix célestes et dont Jésus est le coryphée.

Aussi peut-on dire que sa prière était une musique déli-

cieuse aux oreilles de Dieu, et qu'il remplissait ici-bas, autant que cela est permis à l'homme, la fonction sublime
des anges qui célèbrent sur des harpes d'or la gloire infinie
du Tout-Puissant. Il faisait beau le voir à genoux, se
mettre en présence des besoins de l'Eglise de la terre et
du purgatoire dont il plaidait éloquemment la cause; car,
s'il était désireux de glorifier Dieu dans cette pieuse fonction, il était préoccupé aussi d'y peupler le ciel. « Nous
avons, disait-il, deux moyens puissants pour sauver les
âmes : le brévaire et le Saint-Sacrifice. »

Lorsqu'il quittait l'un pour l'autre, lorsque de la montagne de la prière, il s'élevait, après une heure d'ascension
préparatoire quelquefois, sur le *Thabor de l'autel*, la transfi-
guration s'accentuait encore, elle atteignait au contact du
soleil de justice son suprême éclat. A la vivacité transpa-
rente de sa foi, on eut dit que la Divinité s'était dépouillée
pour lui de ses langes et de ses voiles; sa physionomie, or-
dinairement colorée, s'animait davantage, elle s'éclairait
toute entière d'un rayonnement céleste. Tantôt, il parais-
sait comme amoureusement perdu dans Celui qu'il avait
sous les yeux, qu'il tenait dans ses mains tremblantes;
tantôt, dominé par l'émotion qui agitait son âme, il versait
d'abondantes larmes, ou suffoqué par les sanglots, il se
voyait obligé de s'arrêter un instant; parfois même (son
humilité eût bien voulu nous cacher ce secret, mais Dieu
en devait la révélation à sa gloire), il fut miraculeusement
soulevé de terre et ravi en extase. Puis, la messe finie, il
s'oubliait dans les épanchements de l'action de grâces;
des heures entières s'écoulaient à son insu dans cette
contemplation muette de l'extase, et plusieurs fois le
jour, il revenait aux pieds des tabernacles par la pente irré-
sistible de son amour et de son cœur. Aussi n'ai-je pas besoin de vous dire que sous les chauds rayons de sa ferveur

matinale, sous les souffles bénis qui neuf fois dans la journée rafraichissaient son âme sur les cîmes de la prière, sous les rosées bienfaisantes qui tombaient à chaque aurore dans ce calice vivant des calices du Seigneur, elles s'épanouirent magnifiquement comme une floraison printanière et luxuriante, toutes les hautes vertus qui font les saints prêtres ; elles s'épanouirent en même temps, dans la même mesure, celles qui font les saints religieux

« Nous sommes tous appelés de Dieu, disait saint Vincent de Paul à ses premiers collaborateurs, pour travailler à un chef-d'œuvre ; car c'est un chef-d'œuvre en ce monde que de faire de bons prêtres. » Disons plus, mes frères : c'est le chef-d'œuvre des chefs-d'œuvre. Or, c'est ce noble et sublime labeur que vous continuez dans l'Eglise de France, vous, Messieurs, ses frères en religion. Vous n'avez pas certes besoin d'encouragements dans une tâche laborieuse que vous accomplissez depuis deux siècles passés dans notre diocèse pour son plus grand bien (1), et votre modestie désavouerait les éloges publics que voudrait pourtant vous décerner notre reconnaissance. Mais vous m'en voudriez, j'en suis sûr, de ravir à votre maître, dans ce jour de justice, pour épargner à ses disciples des leçons superflues et des louanges pénibles, l'un de ses meilleurs titres à notre admiration. Je m'en voudrais, dans un panégyrique consacré à sa mémoire, et qui, à défaut d'autre mérite, veut avoir du moins celui d'être complet, de passer sous silence cette période de sa vie, féconde entre toutes, où il n'eut pas seulement, comme vous, à former des prêtres, mais à former les futurs instituteurs dés prêtres eux-mêmes.

(1) Les Lazaristes ont pris la direction du grand séminaire de Sens, en 1675.

Toutefois, je ne m'y attarderai guère; car les maisons où il ne fit que passer, en exerçant l'autorité à des degrés divers, viennent de proclamer tour à tour, par des fêtes magnifiques et des éloges retentissants, que le souvenir de ses vertus y est vivant encore, après un demi-siècle, alors que l'oubli vient si vite sur les pas de l'absence et de la mort, et que les meilleurs parmi nous sont si tôt méconnus par les mémoires les plus fidèles, par les cœurs les moins ingrats.

Montdidier, où il professa avec le même plaisir, n'étant que sous-diacre, la philosophie et la grammaire; Saint-Flour, où, jeune prêtre, il enseigna la théologie dogmatique et devint supérieur du petit séminaire, parlent encore avec admiration de sa science et de sa piété, de ses leçons aussi attrayantes que lumineuses, de sa direction aussi éclairée que paternelle. Vous pourriez nous dire, Messieurs, qu'au séminaire interne de la congrégation, la bonté ferme, la sainteté communicative de cet incomparable maître des novices est restée proverbiale, si les religieux façonnés par ses mains ne proclamaient mieux que tous les témoignages qu'il était saint et qu'il avait le don de faire des saints.

Mais, pendant que notre bienheureux préparait ainsi des hommes apostoliques pour les missions lointaines, une pensée déjà vieille de plusieurs années, l'obsédait partout. « Voilà quatorze ans, disait-il à un novice, que je veux être missionnaire! » « Quelle belle fin que celle de M. Clet! disait-il à un autre; priez Dieu que je finisse comme lui! » C'est ainsi qu'il ébauchait silencieusement la troisième étape de sa vie, la plus courte, mais la plus glorieuse: celle qui s'impose plus qu'aucune autre à l'imitation de tous ceux que l'impiété du jour transforme en missionnaires, que l'iniquité des temps transforme en

martyrs. Laissez-moi vous réclamer, pour cette dernière
partie de notre récit, votre patiente et généreuse atten-
tion.

III

Le Missionnaire et le Martyr

Il y avait aux projets de notre bienheureux bien des objections et bien des obstacles. Les objections venaient des
alarmes de la tendresse ; elles venaient de sa famille at-
tristée par le deuil de son frère Louis, mort quatre ans au-
paravant, en pleine mer, au moment où il cinglait vers la
Chine. L'obstacle venait d'une santé débile, qui, sous un
climat meurtrier, avec la complicité des fatigues apostoliques, l'exposait à une mort presque certaine. Ses parents
le retiennent, ses supérieurs hésitent, le médecin s'oppose
formellement au départ ; mais notre saint ne se décourage
pas. Il s'adresse à Celle qu'il n'a jamais invoqué en vain :
or, c'était la veille de la Purification.

Le lendemain, le docteur, mystérieusement torturé par
sa décision, court dès l'aube, à Saint-Lazare, pour la ré-
tracter après une nuit d'insomnie qui avait été pour son
pieux client une nuit de prières, la veillée des armes. Jean-
Gabriel est libre. Il se prépare à partir joyeusement ; oui,
joyeusement. Ce n'est pas qu'il n'eût à faire de grands sacrifices ; il s'agissait de quitter la patrie, cette patrie à laquelle il tenait par des liens si doux et si forts que la dis-
tance ne pût les affaiblir, que de la terre de Chine, son
souvenir revenait sans cesse sur la terre de France. Il fal-
lait s'arracher à sa double famille de sang et de cœur, et,
là surtout, les attachements étaient nombreux, si vifs et si
profonds, qu'il dût épargner aux siens et à lui-même les

déchirements de la séparation, qu'il écrivait au directeur des novices : « Vous m'êtes devenu plus cher que jamais depuis que je vois en vous le père de mes enfants spirituels pour lesquels Notre-Seigneur m'avait donné tant de tendresse. »

Mais que pouvaient, je vous le demande, les revendications des amours terrestres les plus forts, les plus légitimes, sur une âme qui avait entendu depuis longtemps retentir à son oreille ces appels de l'amour supérieur : *Qui amat patrem aut matrem plus quam me non est me dignus* (1); qui depuis longtemps avait consommé au fond de son cœur toutes les immolations ?

Ce n'est pas que notre héros n'eût prévu toutes les douleurs de l'avenir; il savait que, là-bas, sur les plages inhospitalières, il faudrait mourir chaque jour de faim, de soif, d'épuisement ; être poursuivi, emprisonné, meurtri, déchiré. Mais que pouvaient toutes les menaces, tous les périls sur une âme touchée de Dieu, éperdue pour les âmes de célestes amours? « Quoi, lui disait un de ses parents, vous ne redoutez pas les fatigues, les privations, les dangers qui vous attendent au milieu de ces infidèles ! — Mon cher cousin, lui répondit-il, qu'est-ce que notre corps? un peu de boue. Faut-il tenir à tout cela? Le ciel ne mérite-t-il pas de plus grands sacrifices? » — « Vous pouvez vous attendre au martyre, ajoutait-on. » — « C'est tout ce que je souhaite, reprenait-il encore; puisque Dieu a voulu mourir pour nous, nous ne devons pas craindre de mourir pour lui. » Que pouvaient, je vous le demande encore une fois, sur un homme, capable de tenir cet héroïque langage, toutes les tortures prévues de sa vocation ?

(1) St Math., ch. X, v. 37.

Savourant par avance ces âpres voluptés, il leur dit résolument : « Vous serez mon héritage ! » Connaissant toute l'amertume du calice, ou plutôt séduit par cette amertume même, il le porte amoureusement à ses lèvres en répétant : « Tu seras ma part ! » *Dominus pars hæreditatis meæ et calicis mei ! tu es restitues hæreditatem meam mihi* (1). Lui aussi, il était consumé par la soif du Sauveur, par cette soif ardente qui date du Calvaire. Lui aussi, il était dévoré par cette noble passion qui a pris naissance aux pieds de la croix, qui est la seule passion de l'apôtre, mais une passion qui le domine, qui l'absorbe, qui le consume. Lui aussi, il s'écrie : *Sitio ! Sitio* (2) ! « J'ai soif ! Et parce que la Rédemption, depuis votre Golgotha, doit se continuer par les immolations, j'abandonne sans regrets mon pays, ma famille, mes espérances de vivre, tout le reste : pourvu qu'en retour, ô mon Dieu, vous me donniez des âmes : *Da mihi animas. Cætera tolle tibi* (3) ! »

Et il part, malgré les larmes des siens ; il s'embarque pour la Chine. Je ne le suivrai pas dans cette carrière apostolique de trois années à Macao, au Hô-Nan, au Fo-Kien, au Hou-Pé.

Lorsque saint Paul, le premier et le plus grand des missionnaires, racontait, dans une page immortelle, les travaux, les souffrances de l'apostolat, il traçait par avance la biographie de son vaillant émule. Si comme lui, ô Jean-Gabriel ! tu as gagné les âmes par milliers, c'est au prix de tes labeurs, de ta santé et de ta vie ; comme lui tu connais les périls de la haute mer : *Periculis in mari* ; tu subis les tempêtes de la traversée : *Ter naufragium feci* ; tu te

(1) Ps. 15, v. 5.
(2) Jean, ch. XIX, v. 28.
(3) Gen. ch. XIV, v. 21.

vois, tout un jour, toute une nuit, sur le point d'être englouti dans les abîmes de l'Océan : *Nocte et die in profundo maris fui;* comme lui tu marches sans cesse : *In itineribus sæpe;* et dans les courses apostoliques tu rencontres tous les dangers : ceux des fleuves et des voleurs : *Periculis fluminum, periculis latronum;* des cités et de la solitude : *Periculis in civitate, periculis in solitudine;* des familiers et des faux frères : *Periculis ex genere, periculis in falsis fratribus;* et comme lui toujours, tu as été dans le travail et la misère: *In labore et ærumnâ;* dans les veilles et les jeûnes multipliées : *In vigiliis, in jejuniis multis;* dans la faim et la soif : *In fame et siti;* dans le froid et la nudité : *In frigore et nuditate;* comme lui tu as cueilli la palme dans des fatigues sans nombre : *In laboribus plurimis;* dans des incarcérations fréquentes : *In carceribus abundantius;* dans des plaies au delà de toute mesure : *In plagis supra modum;* dans la mort souvent répétée : *In mortibus frequenter;* comme lui, tu peux dire, sans témérité, que tu as été plus apôtre du Christ que beaucoup d'autres : *Ministri Christi sunt, plus ego.* Saint Paul a été lapidé une fois : *Semel lapidatus sum;* battu de verges trois fois : *Ter virgis cæsus sum* (1); c'est par centaines, à cent reprises différentes que les coups de lanière et de bâton se sont abattus sur toi !

Aussi sans vouloir mettre notre missionnaire au-dessus de l'incomparable apôtre des gentils, il faut pourtant chercher plus haut son modèle. Eh bien! oui! c'est le Christ lui-même, c'est le Roi des martyrs qui fut toujours son sublime idéal et qui devait être à la fin son sublime exemplaire. Si tous les héros du martyrologe chrétien sont des images de Jésus crucifié : *Mortificationem Jesu in cor-*

(1) Corinth. ch. XI, v. 23, 24, 25, 26, 27.

pore nostro circumferentes (1); nulle part, j'ose le dire, mes frères, la ressemblance n'a été plus complète, plus expressive que dans le supplice du bienheureux Perboyre.

Il a connu, il a épuisé toutes les scènes de la Passion; il a passé par toutes les étapes douloureuses de *Gethsémani*, du *Prétoire*, du *Calvaire*. Depuis trois années, il prêchait comme Jésus; il avait trente-huit ans, l'âge que des critiques autorisés parmi nous donnent au Sauveur mourant (2). Or, comme le Maître, c'est par l'*agonie* qu'il prélude au martyre : *Cœpit pavere et tædere* (3). Pendant plusieurs mois, des ombres sinistres enveloppent son âme, de mystérieux pressentiments étreignent son cœur, des frayeurs mortelles épouvantent sa conscience : *Tristis est anima mea usque ad mortem* (4). Dans ces cruelles agitations, il se croit damné : *Et vita mea inferno appropinquavit* (5); en vain, il prie avec plus de ferveur : *Et factus in agoniâ, prolixius orabat* (6), le ciel reste d'airain, il lui faut boire jusqu'à la lie le calice d'amertume. Pourtant Dieu prend en pitié ce noble agonisant; un ange était venu réconforter Jésus, c'est Jésus lui-même qui vient réconforter cet ange : « Que crains-tu, lui dit-il, ne suis-je pas mort pour toi? Mets tes doigts dans mes plaies et cesse de te croire damné. » Sous le charme souverain de cette parole enchanteresse, il retrouve la paix; mais l'enfer qui veille, guette sa proie. Soudain une persécution éclate dans la chrétienté! Le missionnaire se cache dans une forêt de bambous; des sa-

(1) Cor. ch. 4, v. 10.

(2) Voir les savantes études chronologiques pour l'histoire de N.-S. J.-C. par M. l'abbé Mémain, chanoine de Sens.

(3) Marc 14. V. 33.

(4) Math. 26, 38.

(5) Ps. 87, 4.

(6) Luc. 22, 48.

tellites viennent aussitôt l'y saisir, guidés par un nouveau
Judas, par un néophyte qui a reçu, lui aussi, trente pièces
d'argent (c'est le prix de toutes les trahisons!); qui, lui
aussi, un jour, se pendra de désespoir (c'est la fin miséra-
ble de tous les traîtres). Un disciple fidèle veut, avec
l'ardeur de Pierre, défendre de son épée son maître en
péril, mais, comme Jésus, il l'oblige à la remettre au four-
reau; comme Lui il se laisse garotter et conduire devant
le mandarin. Alors les scènes du *Prétoire* commencent;
rien n'y manque : ni les interrogatoires insolents, ni les
accusations captieuses, ni les témoignages mensongers, ni
les pérégrinations successives de tribunal en tribunal, ni la
comparution devant des Caïphes, des Hérodes, des Pilates,
dignes de leurs tristes ancêtres, ni la brutalité d'une solda-
tesque en délire, ni les soufflets d'une basse valetaille, ni
les crachats ignobles d'odieux renégats, ni les douleurs de
l'incarcération, ni la colonne de l'ignominie, ni le revête-
ment de la pourpre dérisoire des ornements sacrés, ni
l'exhibition sacrilège de l'*Ecce homo* devant une multitude
qui ricane, ni les supplices de tous noms et de toutes sortes,
si inouïs que je dois épargner à la sensibilité de vos cœurs
ces scènes de barbare sauvagerie, si raffinés que durant
douze mois on ne laisse la victime reprendre des forces
que pour la torturer à nouveau avec plus de violence,
si atroces qu'on ne sait de quoi s'étonner le plus, ou du
courage surhumain du supplicié, ou de la cruauté inhu-
maine de ces tortionnaires, si multipliés que ce grand
lépreux réalisait à la lettre le portrait du Christ : depuis
la plante des pieds jusqu'à la tête, il n'y avait pas de partie
saine en lui : *Non est in eo sanitas* (1). Tout son corps n'était
que blessures sanguinolentes et plaies livides; ses chairs

(1) Isaïe 1, 6.

tuméfiées tombaient en lambeaux; et cependant, comme
le sublime patient de Jérusalem, il souffrait en silence,
priait pour ses bourreaux et attendait, le cœur impassible,
le *dernier acte* de ce *drame sanglant.*

Le 11 septembre 1840, il est conduit au supplice comme
son Maître entre des malfaiteurs: *Et cum sceleratis reputatus
est* (1); il marche comme Lui en portant la croix sur laquelle
on lit sa sentence de mort: *Et imposuerunt supet caput ejus
causam ipsius scriptam* (2); il tressaille de joie comme Lui
en apercevant son gibet d'ignominie : *Proposito sibi gaudio
sustinuit crucem* (3); il y est attaché fortement avec des
cordes, et aux pieds de sa croix, j'aperçois comme aux
pieds de celle du Golgotha, l'ombre d'une mère endolorie;
j'aperçois une mère debout: *Stabat mater dolorosa,* qui, à la
première nouvelle de son emprisonnement et de ses supplices, disait : « Que ferais-je en me lamentant? J'offense-
rais Dieu peut-être, et je m'attristerais de ce qui était
l'objet des désirs les plus ardents de mon fils. Si quelque
chose devait me faire de la peine, ce serait d'apprendre
que, vaincu par les souffrances, il ait scandalisé, par une
lâche apostasie ceux qu'il a convertis; » j'aperçois une
mère magnanime qui, demain en apprenant la fatale
nouvelle, dira avec plus d'héroïsme encore : « Pourquoi
hésiterais-je à faire le sacrifice de mon fils ? La sainte
Vierge n'a-t-elle pas sacrifié le sien pour mon salut. »

Mais il manquerait quelque chose à la ressemblance de
notre bienheureux avec Jésus, si le trépas était trop prompt;
il doit comme Lui le savourer à longs traits : *Ut gustaret
mortem* (4). On l'étrangle lentement, savamment, à trois re-

(1) Isaïe 53, 10.
(2) Math. 27, 37.
(3) Hebr. 12, 2.
(4) Hébr. 2. 9.

prises pour le laisser respirer, se reprendre à la vie et souffrir plus d'une mort; enfin, épuisé de tortures, il expire.
Or c'était un vendredi, presque à l'heure où le Rédemp-
teur des hommes rendait son âme à son Père. Ses restes
sont déposés au sépulcre par de pieuses mains, et pendant
qu'ils demeurent dans l'obscurité, les apparitions, les mi-
racles, les conversions se multiplient jusqu'au jour où ils
s'échappent de leur prison ténébreuse par une miracu-
leuse évasion, jusqu'au jour où l'Église les élève sur les
autels dans une ascension, dans une apothéose triom-
phale.

Et maintenant que le chœur des apôtres, que l'armée des
martyrs acclament leur émule au ciel : *Te gloriosus aposto-
lorum chorus, te martyrum candidatus laudat exercitus*,
nous, apôtres par vocation, nous, martyrs par destinée, de-
mandons-lui les secrets de ses héroïsmes; car, ne l'oublions
pas, la religion exige de nos cœurs plus que les ardeurs
de l'apostolat! Quand on lui a donné tout ce que peut offrir
une âme de vingt ans, quand on lui a immolé sa jeunesse, son cœur, ses rêves, ses ambitions, son avenir, tout
enfin ; pensez-vous qu'elle soit satisfaite? Non, non, ne
le croyez pas, jeunes athlètes du Christ! Quand vous lui
aurez consacré votre vie de tous les jours, prêtres vieillis
dans le ministère, elle vous demandera souvent quelque
chose de plus, elle vous demandera de souffrir et de mourir pour elle, de choisir entre la conscience et le péril,
entre le devoir et le pain quotidien. Oui, être apôtre
aujourd'hui, c'est être à la fois soldat et victime, soldat
par le courage, victime par le dévouement. Notre Saint, à
son époque, dut franchir les océans pour cueillir les palmes
du martyre; plus heureux nous pouvons, nous, à l'heure
présente, à cette heure de persécution, les cueillir sur le sol
même de la patrie. Plus que jamais, en effet, elle s'accom-

plit la prophétie du Maître : « Comme ils m'ont traité, ils vous traiteront. »

Oui c'est bien lui, le prêtre de nos jours, dont des ennemis préparaient dans le secret la ruine et le trépas; c'est bien lui que des satellites, armés jusqu'aux dents, traquaient comme une bête fauve; c'est bien lui que des témoins soudoyés chargeaient à la barre du peuple d'accusations mensongères; c'est bien lui que les multitudes reniaient en disant : *Nolumus hunc regnare super nos;* c'est bien lui que le proconsul romain montrait à la foule, couvert de livrées dérisoires; c'est bien lui que des valets souffletaient dans le prétoire; c'est bien lui qu'on attachait à la colonne de la flagellation, qu'on abreuvait de fiel et de vinaigre. Oui, je le reconnais! *Ecce homo!* le voilà !

Il était hier sur la terre de Chine, il est aujourd'hui sur la terre de France; dix-huit siècles ne l'ont pas changé !

Il voit sans cesse les sectaires ourdir, dans l'ombre des loges impies, leurs complots meurtriers; il entend des orateurs sans vergogne, des scribes sans délicatesse et sans pudeur, le dénoncer, lui, l'ami de tous, comme un ennemi public. Aussi des foules le poursuivent toujours d'une défiance injuste, d'une défaveur obstinée; il est toujours le jouet d'insulteurs anonymes qui le frappent lâchement par derrière, sans se découvrir; et quand il a le cœur tout meurtri, on parle de lui ravir le pain rare et amer qui soutient sa vie pour l'abreuver d'outrages; que dis-je, on ne s'arrête pas à ces débuts! Il faut que le drame s'achève; dans un moment d'effervescence, des cris de mort circulent dans les rangs; les prisons s'ouvrent et les Christ nouveaux montent sur leur Golgotha, ou, pour parler sans figure, sont collés au mur de la rue Haxo. C'est l'histoire d'hier; ne pourrait-elle pas recommencer demain !

O martyrs de la Commune, donnez à tous ceux qui sont menacés de le devenir après vous le courage des martyrs ; ou plutôt, car c'est à vous qu'il faut nous adresser en ce jour, ô bienheureux Perboyre ; car vous devez en ce jour nous entendre et nous exaucer :

O *saint lévite ! ô saint novice !* du haut des autels où nous vous vénérons , du haut des cieux où vous triomphez, protégez ces élèves du sanctuaire, ces candidats au sacerdoce, vos pieux clients ; n'oubliez pas qu'ils sont confiés aux soins paternels de vos frères en religion ; préparez à Dieu dans cette précieuse pépinière du clergé paroissial des germes nouveaux appelés à produire, en leur saison, des fruits de sainteté: *Novella germina sanctitatis* (1). Gardez surtout, contre la contagion du mal, la pieuse phalange condamnée à échanger temporairement le service des autels pour le service des armes , arrachée un instant au climat vivifiant du séminaire pour respirer l'air morbide de la caserne, soustraite à la tendre vigilance de l'évêque pour être soumise à la dure autorité des camps.

O *saint prêtre ! ô saint religieux !* protégez ces prêtres et ces religieux ; protégez ce clergé sénonais et son Chef vénéré ; n'oubliez pas qu'il est né dans ce diocèse, qu'il a abrité dans cette pieuse maison sa jeunesse cléricale, le vicaire apostolique du Thé-Kiang, l'illustre Mgr Delaplace, celui qui, un jour, à travers mille périls, arrachait, après dix-huit années, vos restes mortels au silence, à l'obscurité de la tombe, pour rendre ce riche trésor à la possession de votre famille religieuse et offrir ces glorieuses reliques à la vénération du monde chrétien. Priez Dieu de garder longtemps à la tendresse de ce diocèse qui fut le sien, le Prélat qui le gouverne, depuis

(1) Saint Augustin.

vingt-trois ans, avec autant de sagesse que de douceur ; de garder à son cœur de Père et de Pasteur, tant de bons fils, tant de saints prêtres, ses auxiliaires dévoués ; de les multiplier comme la mort, l'impitoyable mort, multiplie les vides dans nos rangs. Donnez-nous part à vos mérites, à nous, qui sommes arrivés les mains vides à l'âge où vous remontiez au ciel les mains pleines.

O saint apôtre ! ô saint martyr ! n'oubliez pas que vous avez aimé la Chine jusqu'à tout sacrifier pour elle ; que vous y êtes mort joyeusement pour donner aux semences jetées sur ce sol ingrat, par votre parole ardente, la fécondité du sang, la meilleure de toutes : *Sanguis martyrum semen Christianorum* (1); n'oubliez pas que vous avez souvent tourné vers la patrie, la pensée de votre grand cœur, et, à la fin, dans une prière suprême, votre regard mourant, le dernier souvenir de votre âme défaillante. Demandez au ciel des apôtres assez zélés pour ramener la vérité divine dans les intelligences obscurcies, assez éloquents pour rendre aux cœurs égoïstes et desséchés les convictions qui apprennent la résignation et l'amour, assez saints pour étendre, tous les jours, par les influences de leurs vertus, les conquêtes de la foi, le règne de la grâce, le triomphe du bien. Demandez des martyrs qui veuillent se dépenser, se consumer pour rendre à ce peuple, qui fut le vôtre, le Dieu qu'il ne connaît plus, pour le convertir à ce Christ qu'il a délaissé dans un jour d'égarement, pour le ramener aux croyances séculaires qui l'ont fait si grand dans le passé, qui seules pourraient le refaire plus grand encore dans l'avenir.

Puissions-nous, à votre exemple, devenir des athlètes vaillants qui sachent mourir, à petit feu, de travail et de

______

(1) Tertullien.

fatigue comme le missionnaire du *Ho-Nan* et du *Hou-Pé*, ou plus violemment, s'il le faut, comme le supplicié d'*Ou-Tchang-Fou*, de douleurs et de persécution, qui sachent lutter en soldats ou succomber en héros, pour Dieu et pour les âmes, pour le triomphe de l'Eglise, notre mère, et la gloire de la France, notre patrie.

C'est la grâce suprême que je vous souhaite, mes vénérés confrères, avec la bénédiction de Son Éminence.

Ainsi soit-il !

SENS. IMP. DUCHEMIN.

www.ingramcontent.com/pod-product-compliance
Ingram Content Group UK Ltd.
Pitfield, Milton Keynes, MK11 3LW, UK
UKHW031726170726
13836UKWH00001B/466